Somos Mujeres Guerreras de Oracion

VOL.1

ALMAS VALIENTES

Elena Quevedo, MD Discípula de Dios

Para realizar pedidos de este libro, contacte con:
Palibrio LLC
1663 Liberty Drive
Suite 200
Bloomington, IN 47403
Gratis desde EE. UU. al 877.407.5847
Gratis desde México al 01.800.288.2243
Gratis desde España al 900.866.949
Desde otro país al +1.812.671.9757
Fax: 01.812.355.1576
ventas@palibrio.com

ISBN: 978-1-5065-5055-8 (tapa blanda)
ISBN: 978-1-5065-5056-5 (libro electrónico)

Número de Control de la Biblioteca del Congreso: 2022951470

Información de la imprenta disponible en la última página

Fecha de revisión: 06/27/2023

HOLY BIBLE NVI
REYNA VALERA 60
LA BIBLIA VERSION
Rebecca Brown MD.:
PREPARE FOR WAR, Page
106 ,1987
TORA BIBLE
Clayton Ellen:THE COMPLETE FEMALE WARRIORS 2018

Somos Mujeres Guerreras de Oracion

Dedicado a

1. Dios porque es poderoso, asombroso, maravilloso, misericordioso y, sobre todo, AMOROSO.
2. Dios es dador, sanador, y nuestro Salvador
3. Mi amada amiga Maureen Palmer porque es una discípula especial de Dios.

Agradecimientos:

Deseo expresar mi reconocimiento a Karla Osorio. Tiene 19 años y estudia comunicación y asuntos internacionales en la Universidad de Michigan, en Ann Arbor, Michigan. En su tiempo libre, le gusta escribir. Sus padres son Efraín Osorio y Adelina Sánchez Hernández. Ellos apoyan mucho a Karla.

Deseo reconocer a Alberto Loyola. "Quiero cumplir con mis responsabilidades como padre y marido".

"De niño, vi la pobreza en mi familia y sufrí lo dura que es la vida para un niño pequeño. Vi a mis padres y hermanos trabajar duro en diferentes fuentes de ingresos para poner comida en la mesa. A veces no había nada que comer durante dos días. A una edad temprana, me convertí en agricultor, pescador y vendedor. Vendía verduras, objetos de metal, botellas vacías, cocos, frutas, todo tipo de productos del mar, cualquier cosa que se pudiera vender. Incluso periódicos, caricaturas, pollos, huevos y cerdos."

"De niño siempre quise ser una buena persona, un ser humano responsable que cuidara de todo y de todos los seres vivos. Una vez más, me prometí a mí mismo que algún día sería un buen marido y padre para mis hijos, asegurándome de que tuvieran un futuro mejor. Y enseñarles a afrontar las dificultades de la vida".

Rich Keiper también es reconocido aquí. Es veterano de la guerra de Corea. Le gusta hacer reír a la gente. Cree en la Trinidad. Trabajó en la industria del automóvil durante 31 años. Empezó a escribir en los años 90, utilizando su imaginación y su religión en su escritura.

La última persona a la que quiero reconocer es el pastor Ryan Kolander, que es mi director espiritual. El es un maravilloso lider espiritual y hace un trabajo mas alla de lo que la gente espera de un pastor.

1. Yishua el verdadero nombre de Jesús de la Biblia de la Torá. "El cielo y la tierra pasarán, pero mis PALABRAS no pasarán," Marcos 13:31.
2. "Alegraos siempre, orad sin cesar, dad gracias en toda circunstancia, porque esta es la voluntad de Dios para ustedes y Cristo Jesús," 1 Tesalonicenses 5:16
3. Mantengan a Yeshua en el centro de todo.

Elena y Stephanie St. Marie

Por Qué Hemos Escrito este Libro

Estamos escribiendo este libro porque amo a Dios y quiero que tú también lo conozcas y lo ames. Este libro es para usted, sus familias y amigos de todo el mundo.

Yo soy discapacitada y estoy en silla de ruedas por una lesión en la médula espinal. Quiero llegar a aquellos que se encuentran en una situación similar.

Mantén a Dios en tu corazón y siempre en tu mente durante cada minuto de tu día. Conviértete en un guerrero de oración porque Satanás está desesperado y sabe que Yeshua viene pronto. El esta atacando a aquellos que estan cerca de Dios.

Contenido

Introducción

Nací en la ciudad de Panamá, Centroamérica, en un apartamento el 18 de marzo de 1951. Mi madre se llamaba Ruby Lina Barley, quien era una cristiana fiel y nos crió de una manera "religiosa". Ella solo fue hasta el 4to grado pero se enseño a si misma a leer perfectamente. Leía un libro cada mes, era muy dulce, encantadora, cariñosa y mucho más. Murió en 1999.

Mi padre se llamaba Larin Perry, un alcohólico que abusó sexualmente de mí, y mi madre física y emocionalmente, entre otras cosas.

Dios lo es todo para mí. Él es la razón de mi vida. Por Él, me levanto cada día, me despierto con Él, y me voy a dormir con Él en mi mente todos los días. Él me da paz, amor y mucho más. Trato de vivir una vida devota, aunque a veces es difícil. Quiero la vida eterna. Adoro a Dios, Él ha hecho tanto por mí.

Mi Compromiso con Dios

Yo, Elena Quevedo, hago este compromiso a Dios, a mi misma, a mi familia, y a mis amigos... que hare todo esfuerzo para vivir siempre de acuerdo a los mandamientos de Dios.

He sido discípula y guerrera de oración por los últimos 15 años y he tenido múltiples batallas con las fuerzas satánicas.

Pero con la ayuda de Dios, siempre he podido invocar a Yeshua para que me ayude a desechar el mal.

Estamos sufriendo continuos ataques satánicos.

Elena Quevedo 18 de octubre de 2022

CAPÍTULO 1 -

Definición de un Guerrero de la Oración

Guerreros de Oración es un término utilizado por muchos cristianos evangélicos y de otras religiones para referirse a cualquiera que se comprometa a orar por otros para salvar almas y defender los mandamientos de Dios.

Los Guerreros de Oración luchan contra las fuerzas demoníacas. Pueden orar tanto por individuos como por naciones y pueblos de cualquier lugar.

Los Guerreros de Oración mencionados en la Biblia son descritos como defensores que se sienten llamados al Ministerio de la Reconciliación, la relación más importante entre el hombre y Dios.

El corazón de un Guerrero de la Oración está modelado según el propio amor de Dios. Es un amor sin egoísmo que mira más allá de uno mismo y busca verdaderamente la voluntad de Dios.

Las características de un Guerrero de Oración incluyen ser fiel, siempre buscando glorificar al Señor, y están centrados en Dios, enfocándose en Su Amor y Misericordia.

Son intuitivos y empáticos, capaces de conocer y aceptar a las personas donde están. Los Guerreros de Oración están siempre preparados para enfrentarse a las batallas espirituales que se les presentan a diario.

CAPÍTULO 2 -

La Guerra Espiritual

La Guerra Espiritual requiere Sabiduría "Aquel que aspira a la iluminación o un ser heroico"

Hay cuatro elementos clave en la oración

1. Adoración
2. Confesión
3. Agradecimiento
4. Suplicación

El poder de la oración depende de la relación de cada uno con Dios. Hay que orar con fe en que Dios escucha y responde a las oraciones. Esta relación dinámica es poderosa y enriquecedora. Oramos a Dios en el nombre de Yeshua. Para el crecimiento espiritual, seguimos Sus pasos como Él nos enseñó

1. Orar diariamente
2. Orar con frecuencia
3. Orar sin cesar
4. Ora con expectación
5. Ora y actúa cuando Dios te guíe

6. Ora a través de tu miedo
7. Orar como discípulo

¿Qué significa un Espíritu Guerrero? Significa usar el talento y la habilidad que nos dio el Creador para ser un recurso para la familia, la comunidad, los compañeros de trabajo y los amigos. Un Espíritu Guerrero extiende esto a todo el mundo de Dios.

Descubre tu Espíritu Guerrero. Puedes aprender a llevar una vida más enriquecedora.

¿Cuál es TU definición de Espíritu Guerrero?

CAPÍTULO 3

La Santa Biblia Describe a las Guerreras de Oración

Jueces 4:4, "....Deborah la profetisa, la esposa de Lappidoth, un líder de Israel en aquel tiempo"

Jueces 4:5, "Tenía su tribunal bajo la palma de Débora entre Ramá y Betel, en la región montañosa. Ephraim y los Israelitas venían a ella para que decidiera su disputa"

Efesios 6:10, "Por lo demás, fortalézcanse en el Señor y en su gran poder. Vístanse con toda la armadura de Dios para que puedan hacer frente a las artimañas del diablo."

Ester 7:3-4, "Entonces la reina Ester, respondiendo: Si he hallado gracia en tus ojos, y si agrada al rey, sea dada mi vida a mi ruego, y mi pueblo a mi petición...Somos pueblo para ser vendido, para ser sano y para perecer"

Romanos 5:3-5, "...nos alegramos de nuestro sufrimiento sabiendo que el sufrimiento produce resistencia. Y la resistencia produce carácter, y el carácter produce esperanza. Y la esperanza no nos avergüenza porque el amor de Dios ha sido derramado en nuestros corazones a través del Espíritu Santo que nos ha sido entregado."

Ester 4:14, "Porque si callas en este momento, de otro lugar surgirá el remedio y la liberación para los judíos. Pero tú y la familia de tu padre fallecerán y quién sabe sino que has llegado a una posición de realeza para un tiempo como éste."

Mateo 28:20, "... enséñales todo lo que te he encomendado y de cierto estaré contigo siempre hasta el fin del tiempo"

Cantar de los Cantares 4:7, "Toda tú eres hermosa, amada mía, no hay defecto en ti".

Isaías 4:7, "Cuando pases por las aguas, yo estaré contigo y cuando pases por los ríos, no te arrastrarán. Cuando pases por el fuego, no te quemarás. Las llamas no te abrasarán".

Proverbios 21:21, "Quien persigue la justicia y el amor encuentra vida, prosperidad y honor".

Proverbios 17:1, "Mejor es un bocado seco con tranquilidad que una casa llena de banquetes con conflictos."

CAPÍTULO 4 -

Guerreras de Oración Según la Santa Biblia

No hay muchos ejemplos de mujeres guerreras en la Biblia. Son reconocidas Débora, Ester, Rut, Jaels, Judit y las mujeres anónimas de Tebez.

Débora fue la única mujer juez de Israel; condujo al ejército israelí a la guerra contra los cananeos. Débora condujo al general cananeo a su tienda y lo mató de un estacazo en la cabeza.

Débora se convirtió en una figura bíblica singular, una mujer líder militar y una personalidad bíblica poco común.

Confiaba completamente en Dios. Dios le dijo a Débora que ordenara a Barak, uno de los generales del ejército del Señor, que entrara en batalla contra Sísara, el comandante del ejército enemigo. Dios prometió a Débora que entregaría a Sísara en manos de Barak. Débora era fuerte y valiente, y también profetisa. Era un híbrido de comandante militar y gobernadora.

Ester era una joven judía que vivía en la región persa y que encontró el favor del rey de Persia, se convirtió en reina y arriesgó su vida salvando al pueblo judío de la destrucción.

Una de las características de Ester en la Biblia era su disposición dispuesta a someterse a los deseos de los demás. Era muy obediente. La historia de Ester escrita en la Biblia puede parecer un cuento de hadas, pero se trataba más bien de Dios moviéndose entre su pueblo para asegurar el futuro de Israel.

La Biblia contiene la historia de una mujer, Ruth, que tras quedarse viuda de su marido, se queda con su suegra. Su historia se celebra durante la fiesta judía de Shavot, los 50 días que siguen a la Pascua judía.

Su historia en el libro de Rut, que nos anima a ver nuestro día a día como parte del plan mayor de Dios.

Este libro enseñó a los israelitas cómo la obediencia podía traer bendiciones a sus vidas.

Jaels es un caso de antigüedad bíblica que hace que su carácter sea seductor por naturaleza. Ella muestra un espíritu de romance por Dios, orando a Dios por guía cuando Sísara estaba en su tienda. Cumplía con sus obligaciones religiosas, era una mujer muy religiosa.

La historia de Judit es posterior a la de Jaels. Judit se encuentra en un libro escrito en un texto sagrado judío. El Libro de Judit se incluyó en el Antiguo Testamento cristiano y aún hoy se considera autorizado para los católicos romanos y los católicos ortodoxos orientales. Ella mató a Holafernes, el general de los asirios con su propia espada, salvando así a Israel. Judit murió a la edad de 105 años.

La mujer desconocida de Tebez sólo aparece brevemente y no se la nombra. Se habla de ella como de una heroína venida de los cielos.

CAPÍTULO 5 -

¿Quiénes son las Mujeres Guerreras de Oración Modernas?

Entrevistamos a hombres y mujeres para conocer sus opiniones personales sobre las guerreras de oración de hoy en día.

Narcia comenta - "...Una mujer sin temor, confiada, cubierta por la armadura de Dios". Efesios 6:10

Ella piensa que una mujer guerrera de oración se identifica con su prójimo. La mujer guerrera está en constante oración. Siempre está preparada con una espada, y la guía el Espíritu Santo. Ella obtiene su fuerza de Dios.

Petra - "...piensa que una guerrera de oración es una evangelista que lucha contra demonios y Satanas. Sus armas son muy poderosas, y su fuerza viene de Dios".

Mary-"...es una guerrera espiritual, ora las 24 horas del día, confía en que mantiene una estrecha relación con Dios a través del Espíritu Santo, y utiliza esa conexión con la Divinidad para luchar contra el mal."

Lebrada - "...cree que una mujer guerrera lucha contra el mal. Cuando cae, se levanta. Se concentra en cumplir su objetivo".

Espenosa - "... cree que una mujer guerrera de oración está preparada con Sabiduría. Se toma tiempo para estudiar y conocer la Palabra. Protege todo lo que tiene que ver con Dios.

Lucia - "...una mujer guerrera de oración ayuna por la Palabra, es muy amorosa y es fiel a Dios. Se cubre con el escudo de Dios. Ella reconoce la guerra espiritual. Ella sabe quién es".

Dr. Hudson - Cree que una guerrera de oración es alguien que va a pelear una batalla o guerra, es fuerte y valiente, muestra valentía y un enfoque estratégico".

Diácono - Él cree que una mujer guerrera es una persona que, a pesar de múltiples problemas y tribulaciones, continúa con su fe en Dios, y reconoce los sacrificios de Yeshua. "No se queja."

David - Cree que una guerrera de oración es un soldado de Yeshua, lleno de amor por Dios, y hace lo que agrada al Señor. "La espada del Espíritu Santo aplasta a satanás en dos".

Lorena - Cree que la mujer guerrera de oración lucha cada día y tiene fe en Dios, ama a Dios, lucha por Dios y aprecia a Dios.

La idea central de una guerrera de oración es luchar contra el mal.

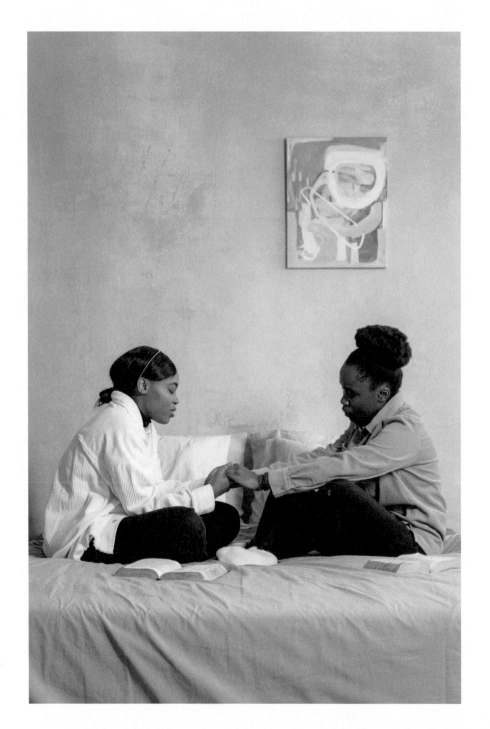

CAPÍTULO 6

Confesión de una Guerrera de Oración

Los momentos más alegres de mi vida

- Encontrar a Dios

- Adorar a Dios

- Pasar tiempo con Él

- Participando en el programa PACE, una organización sin ánimo de lucro para mantener a las personas mayores independientes y envejeciendo en su lugar. Me uní a PACE después de que me recomendaran esta agencia por falta de un seguro médico adecuado. Me impresionó la calidez y el cariño de todo el equipo. Sufrí un derrame cerebral inesperado y gracias a la eficiencia de PACE, me llevaron al hospital en menos de una hora para salvarme de quedar lisiada. Se han ocupado de todos mis problemas médicos, citas y terapias en la clínica y en mi casa. Si he necesitado algo, como un microondas, me lo han proporcionado. Me han dado de comer, me han lavado la ropa y me han conseguido una mujer para que me bañara. Me proporcionan toda la medicación. Su programa de enriquecimiento vital es muy efectivo para mantener la mente activa. El departamento de IP ha sido clave en mi rehabilitación espinal. Cuando estaba agotada, me enviaban a un lugar de descanso. PACE me proporcionó una cama para pasar la noche. Organizaron mis citas con el oculista, el dentista, el audiólogo y muchos otros médicos.

- Saber que mi madre se va al cielo y que la volveré a ver algún día.

- Tener a mi amiga hermana Maureen en mi vida.

- La creación de fundación sin fines lucrativos para alimentar a los niños de las Filipinas.

- Difundir la Palabra de Dios escribiendo libros y usando las redes sociales.

- Reclutar almas para Dios

- Mostrar a otras personas en silla de ruedas que no es el fin del mundo si pones a Dios en tu vida.

- Apoyando a mi compasivo pastor Ryan y a su familia

- Mis aventuras como Patóloga Forense

- Viajar por todo el mundo

- Cualquier sonrisa de un niño

- Y mucho más…

Un agradecimiento especial a mi trabajadora social de PACE, Tiffany Presberry.

Esta lista es sobre los momentos más tristes de mi vida-

- La muerte de mi Madre

- El continuo abuso sexual de mi padre biológico

- Ofender a Dios con mis pecados

- Estar en una silla de ruedas por una lesión en la columna espinal

Como ves, hay más momentos felices que tristes viviendo la vida para Dios como yo lo he hecho.

CAPÍTULO 7 -

Testimonios de Guerreros de Oración

Experiencias de Elena:

Tengo múltiples ejemplos de interacciones por fuerzas satánicas del mal sin embargo, para el propósito de este libro, solo los siguientes están incluidos -.

1. Cuando me mudé a esta casa, el dueño anterior estaba en una silla de ruedas y murió en esta casa. Estuvo desocupada durante 7 años. Cuando me mude, había actividad demoníaca. Habían pasos en el área de arriba. Me puse en contacto con mi pastor que vino a deshacerse de ellos. El intento no funcionó. Grité el nombre de Jesús apenas capaz de vociferar de mi boca del estrangulamiento. Este ataque tuvo lugar en tres ocasiones que fui capaz de echar el mal fuera simplemente usando el nombre autoritario de Yeshua. Los demonios salieron volando inmediatamente. Si usaba el nombre de Jesús, se iban después de un rato. Los ataques se debieron a que coloque unas imágenes de satanás encima de la sagrada biblia. Esto me demostró el poderoso nombre de Yeshua.

2. Estaba en mi dormitorio y fui atacada por Belcebú, el príncipe de los demonios. El nombre aparece en la Biblia en Marcos 3:22, Mateo 12:24-27, Mateo 10:25 y Lucas 11:15. Porque cometí el pecado de la fornicación, me tiraba de la mano y

podía ver el fuego del infierno detrás de él. Había miles de legiones de demonios detrás de él. Traté de echarlo fuera pero fallé pero entonces invoqué el nombre de Jesús que vino a mí vestido de blanco y me sacó de la mano de Belcebú. Efesios 6:12 dice, "… porque no tenemos lucha contra sangre y carne, sino contra principados, contra potestades, contra los gobernadores de las tinieblas de este siglo…"

3. Tuve un accidente de coche. En el examen médico, encontraron un tumor en la glándula suprarrenal izquierda, que parecía ser benigno. La tomografía computarizada y la resonancia magnética mostraron una masa cancerosa definida en el riñón derecho. Después de la operación, no se encontró ningún cáncer para sorpresa y asombro del cirujano. Pero siempre confié en que Dios era mi Salvador y siempre estaba conmigo, y así fue.

4. Estar viva - He tenido múltiples experiencias cercanas a la muerte - Estuve en un coma diabético durante dos semanas donde podía oír a la gente a mi alrededor hablando y a los médicos discutiendo mi caso.

5. El coche en el que viajaba estaba parado en un cruce y un camión estaba a punto de chocar contra el coche en el que viajaba, pero pudo frenar justo a tiempo.

6. Tuve otra experiencia cercana a la muerte durante una intervención en la espina dorsal de la que, sin embargo, podría haber muerto, pero sobreviví.

7. Me quedé sin hogar y necesitaba viajar a Kentucky. Un conductor se ofreció a llevarme y, cuando salí de su coche se fue y me abandono. Sólo me lleve una de mis dos maletas. Pensé que se bajaría del coche y me ayudaría a sacar la otra maleta, pero se marchó. Me habían robado el equipaje. Comenzaron los milagros. Me quedé con la bolsa que tenía mi identificación personal y 5 dólares. Estaba fuera de la estación de Greyhound y entré para subir al autobús, pero el billete que había comprado mi amigo para mí, no me había dado una copia del billete. Supuso que

al dar mi nombre ya aparecería en el sistema como que había comprado ese billete. No fue así. Al contrario. Tuve que comprar un billete. El siguiente milagro fue que la persona encargada de la venta de entradas acabara comprando mi billete. El siguiente milagro tuvo que ver con mi salud. Tuve un episodio diabético en el autobús. Le pedí a Dios que me guiara y me dijo que fuera a un restaurante y cogiera un paquete de azúcar y lo mezclara con agua, cosa que hice. Cuando llegué a Kentucky, el dueño de la panadería me dio una dona de Krispy Kreme. Después de eso, necesitaba un lugar donde pasar la noche hasta que pudiera llamar a mi amigo al día siguiente para pedirle dinero. Me di la vuelta y vi una cadena de tiendas que estaba abierta las 24 horas. Entré y tuve otro episodio diabético que condujo al siguiente milagro, que uno de los empleados tuviera la amabilidad de llamar a una ambulancia. La ambulancia del SEM me llevó a un hospital católico donde estabilizaron mi diabetes. El siguiente milagro fue que tenían un capellán de guardia que me envió al hotel que pertenecía al hospital. El siguiente milagro fue que sólo había una habitación disponible. Aceptaron que me quedara allí sólo con mi palabra de que podría pagarles al día siguiente. En aquel momento sólo tenía un céntimo en la cartera. Al día siguiente estaba a punto de producirse otro milagro. La recepcionista me llevó a una tienda de comestibles para que llamara a mis amigos y les pidiera dinero para pagar la factura del hotel. Me transfirieron la cantidad exacta que necesitaba para pagar la factura del hotel.

8. Como puedes ver, Dios se ocupó de todas mis necesidades a su debido tiempo.

Experiencias de Stephanie-

Algunos de los momentos más oscuros de mi vida tuvieron que ver con retos académicos, traumas de salud y relaciones fracasadas.

El sentimiento de ineptitud que tuve de niña afectó a la imagen que tenía de mí misma, pero nunca alteró mi fe en Jesús. Nací con un defecto visual que afectaba a mi capacidad para leer con fluidez y, por tanto, a mi comprensión lectora. El esfuerzo que ponía era tanto como mis ojos podían soportar para cualquier tarea. No lo sabía después de leer un párrafo. No tenía ni idea de lo que había leído. Sólo lo supe cuando hice el examen y el material me pareció nuevo. No recordaba haber leído la mayoría de las preguntas de historia. Los problemas de matemáticas eran confusos y aún más cuando añadían letras alfabéticas a la ecuación.

Cuando terminé mi carrera universitaria en 3½ años tomando clases de verano cada año académico, estaba muy contenta de viajar a dos estados lejos de casa para aprender el arte de mi terapia en entornos clínicos. El requisito para completar las prácticas era de 3 meses para cada colocación.

Al final de las segundas prácticas, un mes antes de mi examen y de casarme en mi estado natal, me enteré de que tenía cáncer. Sólo me quedaban 3 semanas y el médico me dijo que no podía terminar las prácticas, que tenía que ser hospitalizada. Mis padres y mi familia estaban en mi estado natal a horas en coche. La biopsia, el Linfangiograma y el tratamiento empezaron sin ellos, y yo sólo tenía 22 años. La radiación me hacía sentir la garganta en llamas y era muy incómodo tragar. Todo me sabía a sal, y nunca me acostumbré a beber agua salada ni a comer una cucharadita de sal. Así, perdí 35 libras en 5 semanas durante el mes de radiación. Se me cayó el pelo justo a tiempo para mi boda, que tuvimos que posponer un mes al tener que cambiar todos los preparativos desde fuera del estado. Mi familia tuvo que ayudarme con eso. Mi vestido se hizo en el último momento debido a mi nuevo cuerpo demacrado.

Este matrimonio "hecho en el cielo", terminó en un divorcio que nunca vi venir. Éramos cristianos y nunca había conocido a una pareja divorciada, y mucho menos me había divorciado yo. La ruptura fue desgarradora, ya que nunca la vi venir y los motivos del divorcio no eran los que realmente sucedieron. El matrimonio fue anulado. Recé por tener hijos durante 14 años sólo para descubrir que él no quería tenerlos. Estoy segura de que hablamos de hijos antes y durante todo el matrimonio.

JESÚS RESPONDE A LAS ORACIONES

El ardor de garganta fue la primera vez que pedí ayuda al Señor. El milagro de un resfriado inmediato alivió mi garganta ese primer día de radiación. Supe que Dios se preocupaba por mí y que estaba conmigo. Formaba parte de una comunidad carismática y los miembros oraron por mí en más de una ocasión. Al final del mes de radiación ya no tenía cáncer y hace más de 40 años que no he vuelto a padecerlo. Soy una sobreviviente de cáncer que fue tocada por el poder sanador de Dios, a través del Espíritu Santo.

Recuerdo que cuando tenía 7 años estaba de rodillas orando a Jesús para sanar mi ojo. Recuerdo saltar enérgicamente y correr hacia el espejo para mirar, estudiar y ejercitar el ojo que nunca había mirado a la izquierda de la línea media.

Recuerdo que cuando estaba en primer grado en una escuela primaria católica, asistí a una película en el auditorio del Colegio. La película se llamaba posiblemente "El milagro de San Juan Capistrano". Trataba de un niño cuyos padres habían muerto y que fue abandonado en las escaleras de un monasterio.

Lo criaron y estuvo a punto de morir por la picadura de un escorpión. Después de recuperarse, un día se atrevió a entrar en una habitación prohibida en la que nunca había estado. Era una sala llena de estatuas de santos de tamaño superior al natural y un crucifijo con Jesús colgado. El niño caminó lentamente hasta el otro extremo de la gran sala donde estaba Jesús. De repente, Jesús estaba vivo, bajó de la Cruz y se sentó en una silla real de terciopelo rojo. El niño se sentó en el muslo de Jesús y éste le preguntó: "¿Qué te gustaría, hijo mío?". El niño contestó: "Estar con mis padres". Jesús le contestó. "Hoy estarás con ellos en el Paraíso". Y justo en ese momento los monjes subieron corriendo las escaleras y atravesaron la puerta abierta sólo para ver una luz brillante que les hizo caer de rodillas y subir hasta la magnífica imagen del niño acurrucado en la silla y la silla ascendiendo hacia el rayo de luz que entraba por la ventana. Iba camino del Cielo para estar con sus padres. Recuerdo que las lágrimas me corrían por la cara y me sentía fuera de mi cuerpo elevándome con ellas... cuando terminó la película, se encendieron las luces del auditorio y mis compañeros empezaron a abandonar la sala fila por fila. Yo no podía moverme, seguía atrapada en el momento sobrenatural. Esta experiencia cambió mi vida.

El siguiente momento asombroso fue escuchar al Padre Walters leer las Escrituras sobre Jesús moviéndose entre la multitud e imponiendo las manos a la gente que sanaba, al ciego, a la mujer que sangraba, al leproso, a la chica que resucitó de entre los muertos... Recuerdo que le dije a Jesús que quería ser como él cuando fuera mayor.

Algunos años después del divorcio, conocí a mi maravilloso marido. Y después de 18 años orando por tener un hijo, tuve mi único embarazo a los 40 y tuve un bebé. Ella ha sido mi milagro y atesoro su vida como la respuesta a mi oración. El tiempo de Dios es perfecto.

Cuando tenía 46 años, mi ojo izquierdo fue sanado y ahora puedo moverlo hacia la izquierda. El resultado de esta respuesta personal a la oración después de más de 30 años fue aún mayor que el simple hecho de poder mover el ojo. La corrección influyó en mi potencial como estudiante. Nunca hubiera regresado a la escuela de posgrado para obtener una Maestría en Ciencias si Jesús no hubiera provisto el movimiento faltante que me dio comprensión de lectura. Tuve confianza por primera vez que podría conquistar la montaña de lectura que este paso requeriría, y tuve éxito.

Hoy, mi oración de sanación de toda la vida se ha cumplido. Me presentaron una técnica de terapia manual que requiere imponer las manos con un toque suave que ayuda al cuerpo a sanar. No tengo ninguna duda de dónde proviene la curación. Cada día tengo la oportunidad de ver cómo ocurren milagros con mis pacientes. Estoy verdaderamente bendecida con este don. Todo a tiempo de Dios.

CAPÍTULO 8 -

De Dónde Venimos

Efesios 1:3 "Bendito sea el Dios y Padre de nuestro Señor Jesucristo, que nos bendijo en Cristo con toda bendición espiritual en los lugares celestiales, según nos escogió en él antes de la fundación del mundo, para que fuésemos santos e irreprensibles delante de él."

En pocas palabras, Dios, el Creador del universo y de todos los seres vivos, vistos y no vistos, nos creó. Dios nos conoció antes de que naciéramos, lo que implica un origen espiritual implantado por el Espíritu Santo en la concepción.

Todos somos creados por Dios, nuestro Padre Celestial de quien proceden todas las cosas buenas.

Si somos creados por Dios, entonces somos miembros de la familia de Dios. Hemos sido bendecidos con un cuerpo humano físico que puede procrear con Dios y un alma que es nuestra naturaleza espiritual. Los angeles no tienen genero, ni tienen alma, sin embargo estan bendecidos y tienen un propósito en la creación de Dios del Cielo y la Tierra. Juegan un papel muy importante en todo el Reino de Dios y en la historia de la humanidad.

Fuimos creados por Dios para *conocer, amar y servir. Estamos hechos a su imagen y semejanza. Él se hizo uno de nosotros para salvarnos del pecado que entró en el mundo por medio de un ser espiritual celoso, satanás.* Me niego a honrar a esa criatura poniendo en mayúsculas el nombre y esos seres y sus seguidores debido a su desobediencia, arrogancia y naturaleza malvada habiendo renunciado a su posición. Pudo y debió haber tomado mejores decisiones cuando tuvo la oportunidad. O quizás, este era el plan desde el principio. No tiene la capacidad *de crear, sólo de duplicar.* No puede leer nuestros pensamientos. Él es destrozado por nuestras oraciones dadas a usar por Yeshua y nuestra Bendita Madre María, la Madre de Dios, ¡el humano! divino Jesucristo. Así, las mujeres Guerreras de Oración tenemos nuestras órdenes de marcha como nuestro llamado aquí en la tierra.

Estamos aquí en este planeta porque estamos en el Libro de la Vida en el Cielo, o mejor nos aseguramos de estarlo porque esto tiene consecuencias eternas.

Tenemos el don de la FE y nos hemos puesto la armadura de Dios.

NO TENGAN MIEDO dice nuestro Pastor.

CAPÍTULO 9 -

Por Qué Estamos Aquí

Efesios 1:15-23

Nosotras las mujeres guerreras estamos aquí para llevar a cabo el plan de Dios para la humanidad en nuestros días y el tiempo que se nos ha asignado en la tierra para servir a nuestro Creador, Consejero, Rey, Padre, nuestro Salvador, el Dios Todopoderoso de Israel y para seguir la guía del Espíritu Santo que lleva a cabo las almas de su descendencia.

Llevamos a Dios a nuestra vida diaria cada minuto que pasamos en silencio con Él diariamente. La oración es nuestra comunión con Dios. Él bendice a sus fieles con dones del Espíritu Santo y virtudes. Oramos y pedimos estar abiertos a estos dones que nos vienen del Cielo y nos son dados gratuitamente. Deleita a Yeshua pasar tiempo en su portal celestial, bañándonos con su luz dorada de gracia y presencia divina, llenándonos de su amor incondicional.

Somos bañados en su Santo Aceite del Cielo que encenderá el fuego de la Gloria de Dios. Nuestro propósito aquí en la Tierra es procrear y guiar a otros hacia Dios. Su Luz, y Su Vida eterna en el Cielo con todos los Santos y Ángeles para adorarle y adorarle sin preocupación y sin cesar.

Cada uno está llamado a ser un Santo, un seguidor, la oveja de Su rebaño. Estamos aquí para Su propósito. En verdad, Él no se preocupa por nuestra política, finanzas o popularidad.

En oración un día, escuché el susurro de Jesús dándome la visión y el llamado para declarar y dispensar a los Ángeles de la Misericordia que bajan del Cielo para marcar el comienzo del día del Señor. Él llegará trayendo fuego sobre la Tierra, llamando a la puerta de cada persona una última vez para dar una oportunidad de arrepentirse, de escuchar su voz, de amar y ser amado por el Salvador y Pastor de Su rebaño que está perdido. Él está reuniendo la Cosecha de la que habla la Biblia, la historia de Dios de todos los tiempos pasados, presentes y venideros.

Somos las mujeres guerreras usando la Armadura de Dios que El puso en nosotras.

Yo uso la Armadura sabiendo de esta última protección que fue puesta en mí por nuestro Amante Divino.

Nuestro Shephard, el Señor, nuestro salvador, el Hijo de Dios, nuestro Amante, nuestro hermano, un compañero humano resucitado Señor de Señores, nos anima a NO TENER MIEDO, a través de la Palabra de la Santa Biblia de Dios.

Pónganse la armadura de Dios para luchar en esta batalla escrita en el Libro de la Vida que cada uno de nosotros debe terminar aquí y ahora, que está marcando el comienzo de la Nueva Jerusalén, el Cielo en la Tierra, el capítulo final del tiempo y del mundo físico. La llamada es simple. Haz lo que Él te dice. Escucha a Jesús y pasa tiempo alabando, cantando, siendo agradecido, alegre y compartiendo la Gracia del Cielo, ¡sólo para ti! Todo esto habría sucedido si tú fueras la única persona creada por Dios. Tú eres precioso a Sus ojos. Él te ama y murió por ti para liberarte del pecado que entró en el mundo a causa de un ángel desobediente que se negó a servir a Dios. Dios nos bendice con todos los seres vivos que nos rodean: el aire que respiramos, la hierba, los pájaros y los animales, el agua, el viento, el cielo, los planetas en los cielos. Todo está aquí para que lo disfrutes.

Supera el mundo físico abriendo tu mente, alma y corazón a Jesús pidiéndole una relación sincera con Él, en lugar de lo que el hombre te ofrece en comodidades mundanas, premios y promesas vacías. Nada de eso durará y seguramente no podrás llevártelo contigo cuando te vayas.

Confía en Dios y Él actuará.

Obedece Sus mandamientos y sigue la Regla de Oro

Mateo 7:12, ""Haced a los demás lo que queréis que os hagan a nosotros, porque esto resume la Ley y los Profetas."

Mateo 7:1-5, "No juzguéis, o también vosotros seréis juzgados…. Porque de la misma manera que juzguéis a los demás, seréis juzgados, y con la medida que midáis será la medida que recibáis".

Lucas 10: 27-28, "Y él respondió. Amarás al Señor tu Dios con todo tu corazón, con toda tu alma, con todas tus fuerzas y con toda tu mente, y a tu prójimo como a ti mismo… haz esto y vivirás".

Los 10 Mandamientos

1. No tendrás dioses ajenos delante de mí.
2. No te fabricarás ninguna imagen de talla
3. No tomarás el nombre del Señor tu Dios en vano.
4. Acuérdate del día de reposo para santificarlo.
5. Honra a tu Padre y a tu Madre.
6. No matarás.
7. No cometerás adulterio.
8. No robarás.
9. No levantarás falso testimonio contra tu prójimo
10. No maldecirás

CAPÍTULO 10

Hacia Dónde nos Dirigimos

Efesios 2:4-10

Nos dirigimos a la Nueva Jerusalén, el Cielo, al lugar preparado para nosotros. Si hemos cumplido nuestro propósito mientras estamos aquí, seremos resucitados, tal vez por los tiempos sin tener que experimentar la muerte. Seremos resucitados de una manera u otra, a nuestra Mansión que será la Mesa del Banquete del Señor. Nosotros preparamos nuestra propia mesa de Banquete por el bien que hacemos durante nuestro tiempo en la Tierra sirviendo a Dios y a nuestro prójimo. ¡¡¡Ya no habrá llanto, ni dolor, ni muerte!!! ¡¡¡Aleluya!!!

Veremos el rostro de Dios y viviremos. Veremos las calles de un oro que nunca hemos visto. Nos llenaremos del AMOR de Dios que nunca hemos conocido en la tierra. Los colores en el Cielo son indescriptibles de acuerdo a aquellos que murieron, vieron los lugares Celestiales, y regresaron para contarnos todo acerca de sus encuentros reales con el Santo de los Santos, los Angeles, y aquellos que pasaron antes que nosotros.

El día del juicio está llegando a la tierra mientras escribo esta advertencia.

Estén preparados.

Arrepiéntanse.

Abre tu corazón.

Ama al Señor con todo tu corazón, con toda tu alma y con toda tu mente. NO TENGAN MIEDO dice nuestro Pastor.

Esto es todo lo que Dios nos pide y aceptar el regalo de salvación de Su Hijo, Yeshúa.

...Y pasar tiempo con El recordando que El es tu fuerza y LUZ eterna para las naciones.

Padre nuestro, que estás en los cielos, santificado sea tu nombre.

Venga a nosotros tu Reino, hágase tu Voluntad, así en la tierra como en el Cielo.

Danos hoy nuestro pan de cada día.

Y perdona nuestras ofensas, como también nosotros perdonamos a los que nos ofenden.

Y no nos dejes caer en la tentación, mas líbranos del mal. Tuyo es el Reino, el Poder y la Gloria, por los siglos de los siglos.

Amén

Sé la luz de Dios que vive a través de ti en el mundo cada vez más oscuro en el que vivimos,

¡¡¡Nos vemos en el Cielo y rezo para que tu mansión esté junto a la mía!!!

No te preocupes... ¡¡¡Sé FELIZ!!! No hay nada que temer en este mundo que Dios no haya conquistado ya.

Esté en comunión con el Señor siempre tráigalo a su día en todas las circunstancias dejando ir su miedo al futuro y la planificación.

Permítele ser parte de tu vida momento a momento.

Efesios 6:10 - "Fortaleceos en el Señor y en su gran poder". Usa tu armadura - el escudo de la Fe, la espada del Espíritu su Palabra, los lomos de la Verdad, el casco de la Salvación, los zapatos de la preparación del Evangelio de la Paz, la coraza de la Justicia.

Pídele... escucha... haz Su Voluntad y lo que Él dice.

Se Orante, se Verdadero, y se Su Guerrero. Sobre todo, AMA.

Printed in the United States
by Baker & Taylor Publisher Services